folio cadet ■ premières lectures

LES PYJAMASQUES

ISBN : 978-2-07-057991-4

Numéro d'édition : 347783
Loi n° 49-956 du 16 juillet 1949 sur les publications destinées à la jeunesse
Premier dépôt légal : mars 2016
Dépôt légal : novembre 2018
Imprimé en France par Estimprim

IMPRIM'VERT
Votre imprimeur agit pour l'environnement

PEFC
10-31-1093
Certifié PEFC
pefc-france.org

Les Pyjamasques et Roméo Mécano

Romuald

GALLIMARD JEUNESSE GIBOULÉES

1

Cette nuit, c'est le grand spectacle ! La fête des étoiles ! Les constellations dansent leur ronde zodiacale, tandis que la Lune

éclaire les visages rêveurs d'une bande de petits filous: Gluglu, Bibou, Yoyo et leur copain Ptigarou.

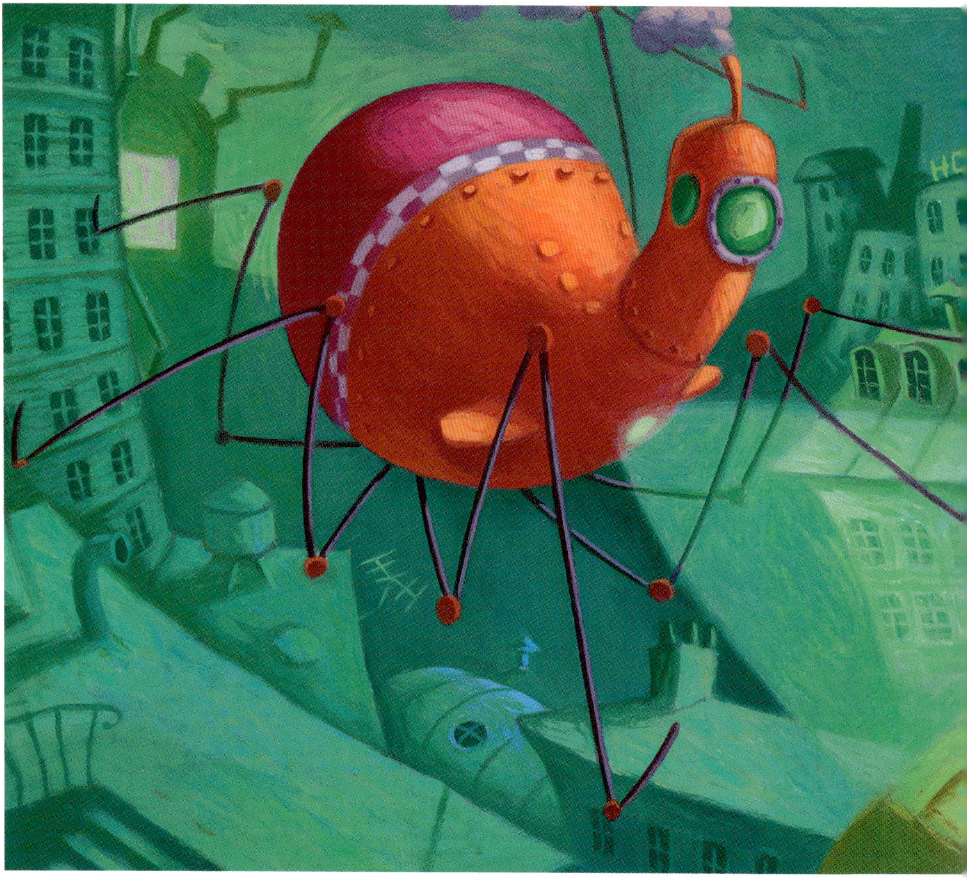

Cependant, à l'autre bout de la ville, une étrange machine ventrue déboule de l'horizon et crapahute sur les toits des maisons : TCHIII... CRIC CLANG ! TCHIII... CRIC CLANG !

Dans la cabine de pilotage s'agite un petit garçon pas très sage: «YOUPI! HI! HI! Ma machine fonctionne! Les boulons tournent rond! En avant, à fond les pistons!»

Le jour, Roméo est un enfant comme les autres. Mais, dès que la nuit tombe, il enfile sa blouse de mécano et invente les machines les plus infernales du monde !

Cette fois, il s'est mis en tête de capturer la Lune ! Il veut la mettre en mille morceaux dans des emballages, et la vendre au supermarché (au rayon fromage) !

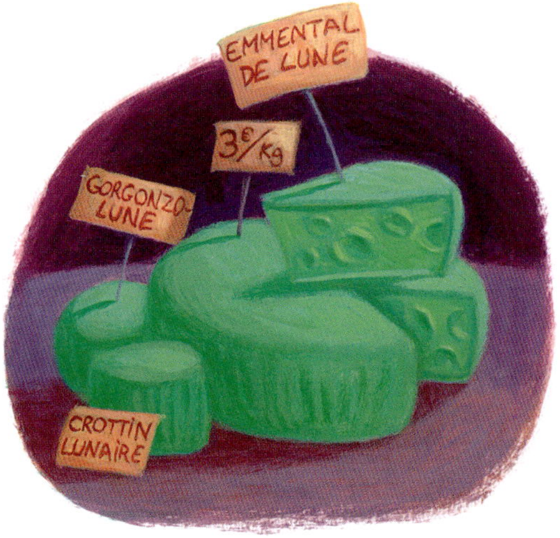

Ballotté aux commandes de l'engin, Roméo se réjouit de son inquiétante machination.

2

Mais voilà qu'avec ses grandes pattes, il manque d'écraser les Pyjamasques !

– UNE MARMITE GÉANTE ! ET TOUTE ROUILLÉE ! AVEC DES PATTES D'ARAIGNÉE ! crient les marmots.

– Ce n'est pas une marmite, bande de nouilles, c'est ma nouvelle machine ! répond Roméo.

– Et pourquoi tu te balades dans ce tas de ferraille ? demande Yoyo.

– Parce que moi, cette nuit, j'ai du travail ! Je vais faire fortune en capturant la Lune ! Et je n'ai pas le temps de faire des politesses, alors poussez vos fesses de là !

Roméo appuie sur un bouton et PIF ! Et PAF ! Les grandes pattes en fer leur bottent le derrière !

Il tripatouille à nouveau son tableau de bord. BILIP, BILIP ! Le gros ventre d'acier s'ouvre en grinçant et, soudain, en sort…

UN HARPON GÉANT ! La Lune se met à trembler comme une feuille !

– Il est fou ! Il va lui crever un œil ! s'écrie

Bibou qui se met à zigzaguer, devant le harpon, pour gêner Roméo.

– Tu crois qu'on va te laisser faire ? crie Gluglu qui grimpe sur la machine et se colle sur le hublot.

– Eh ! Je ne vois plus rien ! rouspète Roméo. Vous avez vraiment décidé de me casser les pieds ! Qu'est-ce que ça peut faire si j'épingle ce gros fromage ?

– C'est même pas un fromage, d'abord ! dit Yoyo. C'est la Lune ! Sans elle, les gens ne pourront plus jamais rêver !

– Et puis après ? Rêver, c'est une perte de temps ! Alors poussez-vous, j'ai du travail qui m'attend ! dit Roméo en remontant dans sa machine.

Et VRAOUM ! C'est reparti à toute berzingue ! Nos héros se précipitent sur l'engin :

– Il faut arrêter ce dingue !

3

Plus haut, dans la voûte céleste, les constellations du zodiaque sont indignées :

– Moi aussi, je peux lui décocher une flèche ! dit le Sagittaire en colère.

– Et moi, je vais l'avaler tout cru s'il continue ! ronchonne le Lion.

– Capturer la Lune pour la couper en morceaux ! Quelle idée ! dit la Vierge. Si j'étais sa mère, je lui flanquerais une bonne fessée, à ce Roméo !

– Hélas, dit la Balance, vous connaissez la règle : nous n'avons pas le droit d'aller sur la Terre. Et d'ici, on ne peut rien faire...

En bas, c'est la panique !

– Plan de bataille X28 ! dit Roméo dans son micro.

Des gadgets menaçants jaillissent des flancs de la terrible machine. Des pinces, des

scies, un rayon laser et même un bidule-truc-chouette qui lance des pommes de terre !

– Ça devient dangereux ! Impossible d'arrêter ce fou furieux ! s'affolent les Pyjamasques.

4

Roméo jubile :

– Dites au revoir à la Lune, c'est la dernière fois que vous la voyez !

– La dernière fois qu'on la voit ? se dit Yoyo. Ça me donne une idée !

Hop ! Il enlève les lunettes de soleil de Ptigarou ! Et on sait bien ce qui arrive à Ptigarou quand il voit la Lune sans ses lunettes !

Il devient énorme ! Il devient le GROGA-ROU et bouscule la machine. BOUM ! Roméo tire complètement de travers !

Grâce au Grogarou, Roméo a manqué la Lune !

Les signes du zodiaque, eux, ne ratent pas l'occasion de lui donner une bonne

leçon. Ils se saisissent du harpon et tirent dessus de toutes leurs forces !

– Hardi les amis ! Ramenons un peu ce galopin par ici !

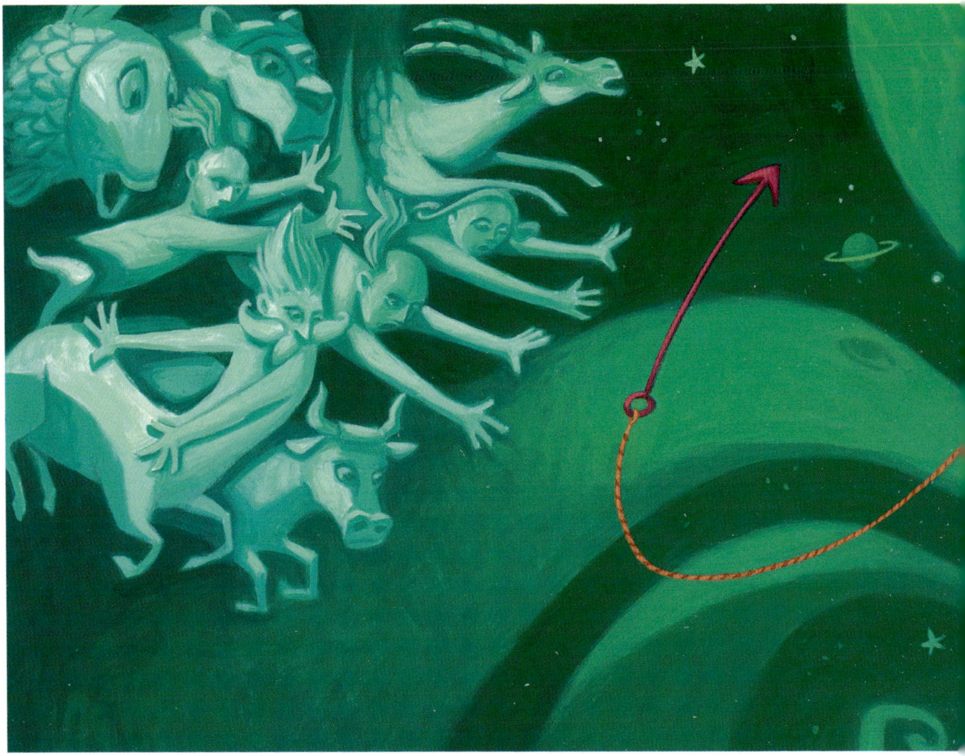

Dans sa cabine, Roméo appuie sur tous les boutons qu'il trouve, mais rien n'y fait! «Nom d'un cyclotron à hélice, qu'est-ce qu'ils me veulent, ceux-là? Laissez-moi! AAAH!»

Roméo et sa machine sont entraînés dans la Voie lactée, et jetés fissa dans la

bouche d'un gros trou noir qui passait par là ! MIAM ! Mais le garçon est coriace ! Dans sa capsule de secours à pédales, il s'enfuit à travers l'espace.

5

Finalement, la Lune est sauvée et tout le monde peut continuer de rêver ! Le plus dur maintenant, c'est de remettre ses lunettes à Ptigarou ! Quant à Roméo, il doit encore pédaler, pendant quelques années-lumières, avant de rentrer sur la Terre.

Allez Roméo ! Plus vite ! Plus vite ! C'est qu'il y a école demain matin ! Si jamais tu es en retard... tu iras au coin !

VOUS ÊTES ICI

Romuald

Avez-vous toujours été auteur-illustrateur ?
Après mes études de dessin, j'ai effectué pas mal de petits boulots. J'ai même été sapeur-pompier. Après, j'ai travaillé en tant que designer dans le jeu vidéo. Mais j'avais envie d'écrire mes propres histoires, alors j'ai créé la série des Pyjamasques.

Combien de livres avez-vous publiés ?
J'ai illustré quelques textes dans des recueils collectifs il y a longtemps, et publié 20 albums des Pyjamasques.

Où et quand aimez-vous travailler ?
J'aime sortir pour écrire. Pour illustrer, je préfère être chez moi, dans mon atelier. J'aime travailler la nuit, ou quand il pleut, ou encore en automne, car l'atmosphère de cette saison m'inspire énormément.

Qu'est-ce qui vous a inspiré pour écrire cette histoire ?

J'avais déjà dessiné Roméo Mécano pour une petite bande dessinée. Il a des côtés négatifs mais il est aussi très ingénieux, plein d'initiative et gaffeur, ce qui le rend sympathique, au final. Un « méchant » idéal pour les Pyjamasques !

Combien de temps vous a-t-il fallu pour écrire et illustrer *Les Pyjamasques et Roméo Mécano* ?

Il m'a fallu trois mois environ.

Qu'aimez-vous faire pendant votre temps libre ?

Dès que j'ai le temps, je vais voir mes amis et ma famille. J'adore me balader, que ce soit en randonnée ou pour voir des expositions. J'aime lire, cuisiner, faire du sport, de la photo. J'écris et je dessine aussi pendant mon temps libre. J'ai toujours des idées qui me viennent. Mais comme je les note n'importe où, je les perds quand même !

je lis tout seul

Pour les jeunes apprentis lecteurs
Niveau 2

Les Pyjamasques et Magistère la sorcière

Panique dans le potager

La dent du dragon

Le Roi CraCra

Sept bougies pour Lili Graffiti

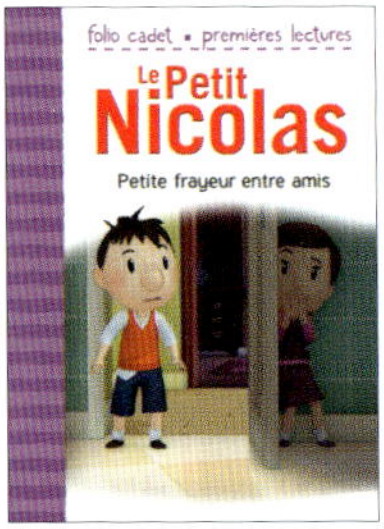

Petite frayeur entre amis

Hors-série

Comment j'ai adopté mon humain

Retrouve l'intégralité de la collection
folio cadet • premières lectures
sur www.gallimard-jeunesse.fr !